Das kleine Buch vom

Mut

W0356526

Jean Gastaldi

Das kleine Buch vom Mut

Aus dem Französischen übertragen
von Eva Spensberger

HEYNE <

Die Originalausgabe erschien 2006 unter dem Titel
LE PETIT LIVRE DU COURAGE
bei Éditions du Rocher.

Umwelthinweis:
Dieses Buch wurde
auf chlor- und säurefreiem Papier gedruckt.

Copyright © 2006 by Éditions du Rocher
Copyright © 2007 der deutschsprachigen Ausgabe
by Wilhelm Heyne Verlag, München,
in der Verlagsgruppe Random House GmbH
www.heyne.de
Printed in Germany 2007
Umschlaggestaltung: Hauptmann & Kompanie
Werbeagentur, München – Zürich
Umschlag- und Innenillustrationen: Anja Filler
Satz: Leingärtner, Nabburg
Druck und Bindung: RMO, München
ISBN 978-3-453-14401-9

Gewidmet all denen,
die den Mut gehabt haben,
das Buch zu öffnen.

Dieses kleine Buch vom Mut ist auf Wunsch zahlreicher Leser entstanden, die auf der Suche nach Lösungsmöglichkeiten sind, um ernste, schier unüberwindbare Probleme anzugehen: Krankheit, familiäre Tragödien, Trauerfall, Verlust des Arbeitsplatzes, Ungerechtigkeit, die ihnen widerfahren ist... Tatsächlich ruht in jedem von uns ein tapferes Wesen, das bereit für den Einsatz ist, und durchaus fähig, Opfer zu bringen. Man muss nur diesen ewigen Krieger wecken, um einen Sieg davonzutragen, wo es uns einst unmöglich schien.

Mut ist einer der Werte, die heute, wo Feigheit und Bequemlichkeit sich allzu sehr ausgebreitet haben, am meisten in Vergessenheit geraten sind. Wir hoffen, dass diese Sammlung den nötigen Antrieb gibt, um mit gutem Beispiel voranzugehen. In der Tat ist es nur möglich, dem Unglück mit richtigem Verhalten zu trotzen. Mut ist eine der Grundtugenden, die uns wachsen lässt und auf meisterhafte Weise vorführt, dass uns alles im Leben weiterbringt, wenn der Mensch nur couragiert und willig ist.

Jean Gastaldi

Mit mutigem
Verhalten trägt man
nicht einen Sieg über
andere davon,
sondern nur über
sich selbst.

Tapferkeit ist noch besser als Mut.

Mutig zu sein bedeutet nicht,
unnötige Risiken einzugehen,
sondern den wahren
Bewährungsproben standzuhalten,
die einen letztlich wachsen lassen.

Mut schöpft sich aus
der Kraft des Geistes.

Mutig zu sein ist kein Selbstzweck,
sondern vielmehr eine Form
von großmütigem Handeln.

Mut bedeutet vor allem,
seine Ängste zu bewältigen.

Heutzutage haben sich
die Menschen eher der Feigheit
als dem Mut verschrieben.

Erst wenn man sich selbst kennt,
lässt sich Mut erlernen.

Die Gesellschaft heute
hat die Werte umgekehrt,
da von einem unbedachten
Menschen oftmals behauptet wird,
er sei mutig.

Couragiert zu sein
bedeutet, gegen den
Strom zu schwimmen.

Tapferkeit ist
die höchste Form
der Freiheit.

Seine Ängste
zu überwinden heißt,
die Dämonen zu vertreiben.

Wenn man sich des Lebens und des Todes bewusst ist, verblasst die Angst.

Angst und Besorgnis
sind nicht miteinander
zu verwechseln,
obwohl uns beide
Gefühlszustände lähmen.

Wir können über uns selbst den Sieg erringen, indem wir ein Hindernis nach dem anderen aus dem Weg räumen, das wir vorab dort positioniert haben.

Arroganz ist nicht erstrebenswert.
Doch ein gewisser Stolz
kann hilfreich dabei sein,
unsere Ängste zu besiegen.

Wo Furcht überhandnimmt,
ist Misserfolg vorprogrammiert.

Jeder einzelne Gedanke
beeinflusst unser Verhalten
und sogar unser ganzes Leben.
Wir allein entscheiden,
ob wir unsere Ängste vertreiben,
damit sie uns
nichts mehr anhaben können.

Bravour besteht nicht darin,
andere Menschen
auf dem Schlachtfeld zu töten,
sondern seine Leiden,
seine Schwächen und seine Ängste
zu beherrschen.

Auf einen mutigen Menschen
kann man sich ein Leben lang
verlassen.

Angst existiert,
weil die Gesetze des Lebens
nicht bekannt sind.

Mutig ist,
wer keine Angst
vor dem Tod hat.

Seine Ängste
für sich zu behalten
heißt auch, die Angehörigen
nicht zu belasten.

Waghalsig zu sein bedeutet,
nicht couragiert,
sondern unbedarft zu handeln.
Mutige Entscheidungen
sind immer wohlüberlegt.

Mut besteht nicht darin,
die Angriffe des Nachbarn
mit gleicher Münze heimzuzahlen,
sondern ihm Gründe zu liefern,
sich zu beherrschen.

Eine Niederlage einzugestehen
kann manchmal auch
eine Form von Mut sein.

Den Widrigkeiten des Lebens
die Stirn zu bieten,
ohne Groll oder Hass
zu empfinden, und den
unabänderlichen Willen zu haben,
darüber hinwegzukommen,
ist eine beispielhafte
Form von Mut.

Wahre Mutbezeugungen
werden stets im Alleingang
unternommen.

Der Tod fordert unsere Fähigkeit zur Tapferkeit heraus.

Mut ist eine Form
von Ehre.

Feigheit entstammt
dem Lager der Törichten,
Mut dem der Starken.

Ruhm winkt
demjenigen,
der tapfer ist.

Mut bedeutet Handeln,
nicht Abwarten.

Mut spiegelt sich
im Glauben wider.
Zweifel gehen nicht
mit Mut einher.

Heutzutage ist Ehrlichkeit
eine Form von Mut.

Wie Betroffene
mit Krankheit umgehen,
hat Auswirkungen auf den Mut,
der erforderlich ist,
um mit diesem Einschnitt
umzugehen und
den Kampf aufzunehmen.

Tapferkeit begegnet
man vor allem,
wenn lebenswichtige Dinge
auf dem Spiel stehen.

Sich beherrschen zu können
ist eine Form von Mut,
den Mut zu haben,
sich zu bändigen
eine Form von Bravour.

Gefahren zu trotzen,
ohne sie herbeigerufen zu haben,
zeichnet einen
edlen Menschen aus.

Loyalität ist auch
eine Form von Mut.

Mut ist eine moderne Form von Rittertum.

Wenn Einsamkeit nicht
eine freiwillige Weltflucht ist,
kann sie eine Form von Mut sein.

Es ist einfach,
mit den Wölfen zu heulen.
Menschen, die in allen Situationen
einen kühlen Kopf bewahren und
ihren eigenen Prinzipien folgen,
sind selten.

Vielerorts hört man
Stimmen klagen:
»Feigheit macht sich
immer mehr breit, Mut findet
man nur noch selten.«
Was kann man dagegen tun?
Vielleicht sollten wir zuerst
das eigene Verhalten überprüfen.

Man muss dem Mut
in all seinen Erscheinungsformen
Mut zusprechen.

Angst lähmt die Menschen,
Mut lässt sie wachsen
und weiterkommen.

Sich nicht unter Druck setzen
zu lassen ist eine Form von Mut.

Kinder sind
oft mutiger
als Erwachsene.

Die zwei ungleichen Lager
unserer Zeit
sind das der Mutigen
und das der Feigen.

Man sollte seinen Mut
nur unter Beweis stellen,
wenn es gerechtfertigt ist.

Mut ist eine gute Eigenschaft,
um ernsthafte menschliche
Beziehungen auszubauen.

Tollkühn zu sein
bedeutet nicht zwangsläufig,
ein couragiertes Verhalten
an den Tag zu legen,
denn dieses resultiert vielmehr
aus einer klugen Entscheidung.

Derjenige, der dem Unglück
trotzt, und sei es auch noch so
demütigend oder verhängnisvoll,
der sich trotz allem nicht
in die Knie zwingen lässt,
verdient den größten Respekt.

Den Schwierigkeiten
nicht aus dem Weg zu gehen,
zeugt von Tapferkeit.

Mutiges Vorgehen
ist ein anschaulicher Beweis
unseres persönlichen Kreuzzugs.

Entscheidungen, Risiken,
Ängste mit all ihren Konsequenzen
auf sich zu nehmen,
ist eine Form von Mut.

Sich nicht auf andere,
sondern nur auf sich selbst
zu verlassen, ist Ausdruck
von Mut und starkem Willen.

Angst zu haben
ist nicht verurteilenswürdig.
Davonzulaufen ist allerdings
eine Schande.

Mut heißt nicht,
einen Krieg heraufzubeschwören,
sondern den Weg für Frieden
zu ebnen.

Einem Fremden die Hand
zu reichen,
ist eine Form von Mut.

Ein uneigennütziges Wesen
zu haben heißt, den Nächsten
zu lieben wie sich selbst.
Manchen ringt dies
ihren ganzen Mut ab.

Tapfer seine Leiden
unter Kontrolle zu bringen,
bedeutet, unliebsame
Reaktionen im Zaum
zu halten.

Mut heißt auch,
anderen zur Verfügung
zu stehen.

Sich einzig
durch Überzeugungskraft
und ohne Gewaltanwendung
Respekt zu verschaffen,
ist eine Form von Mut.

Nicht Worte zeugen von Mut,
sondern Taten.

Mut ist,
sich trotz großen
Kummers
wieder aufzurichten.

Von einem Augenblick
zum nächsten alles aufzugeben,
ohne den Angehörigen
Schaden zuzufügen,
ist eine Form von Mut.

Mut heißt,
den Schwachen zu helfen
und sich nicht auf die Seite
der Starken zu schlagen.

Seit Beginn der Schulzeit
haben wir alle
verschiedene Erscheinungsformen
von Mut ausprobiert.

Bravour steht
dem Heldentum
nahe.

Helden sind nicht diejenigen,
die sich selbst
auf die Schulter klopfen,
sondern diejenigen,
die ohne viel Aufhebens
dem Wohl der Menschheit dienen.

Dem Gestrauchelten
vom Boden aufzuhelfen,
erinnert an Sankt Martin,
wie er seinen Mantel geteilt hat.

Opferbereitschaft
ist eine dauerhafte Form
von Mut.

Mut entspringt
der Gelassenheit
und Ruhe,
niemals der Gewalt.

Sich nicht entmutigen lassen,
sondern scheinbar unüberwindbare
Hürden bewältigen.

Auch bei der härtesten Prüfung
dem Lauf des Lebens vertrauen,
denn jedes Zeichen
hat einen Sinn,
den wir erst entdecken müssen.

Tapferkeit setzt voraus,
dass man nicht an sich,
sondern an die anderen denkt.

In jedem von uns schlummert
ein mutiges Wesen.
Es liegt an uns, wann wir
es zum Leben erwecken.

Mut bedeutet,
nicht aus Eigennützigkeit,
sondern aus Mitgefühl für andere
zu handeln.

ÜBER DEN AUTOR

Jean Gastaldi, Autor mehrerer Meditationsbücher und der bereits mit großem Erfolg erschienenen Titel *Das kleine Buch der Heiterkeit*, *Das kleine Buch vom Glück*, *Das kleine Buch der Zärtlichkeit* und *Das kleine Buch des Friedens*, lebt in der Normandie.

Es gibt kein
unabwendbares Schicksal,
sondern nur Mutlosigkeit
und das Fehlen von Glauben.

Den Schwierigkeiten
ins Auge sehen, sich nicht
von ihnen abwenden,
so verhält sich
ein tapferer Mensch.

Tapferkeit spricht auch die Güte im Menschen an.

Den wahren Sinn des
Lebens zu verstehen,
kann den Mut
nur stärken.

Mut kann man schenken,
aber nicht kaufen.

Es ist nicht weiter schlimm,
Schwächen zu haben,
wenn man sie nur erkennt.

Die Form von Mut,
die wir im Lauf der Zeit erwerben,
tragen wir in uns
wie ein wahres Adelswappen.

Wenn Verzweiflung um sich greift,
ist Mut gefragt.

Eifer bei der Arbeit
ist eine Form von Mut.

Schneid zu haben heißt,
die auftretenden Schwierigkeiten
mit Mut zu bewältigen.

Mut gehört zu den edlen Eigenschaften des Menschen.

Heutzutage werden Tugenden
kaum noch geschätzt.
Dennoch bringen erst diese
die Menschen zum Aufblühen.

»Einem tapferen Herz
ist nichts unmöglich.«
Dieser Spruch
sollte unvergessen bleiben.

Es gibt solche,
die Zuversicht zunichte machen
und solche, die Mut zusprechen.
Letztere tragen die Hoffnung
der Menschheit in sich.

Bravour und Angeberei
sind nicht miteinander
zu verwechseln.
Genauso wenig
Mut und Leichtsinn.

Einem Menschen
Mut zu bescheinigen,
ist eines der schönsten
Komplimente, das man
ihm machen kann.

Es heißt oftmals, dass Frauen
mutiger seien als Männer.
Das beruht vielleicht
auf der Tatsache,
dass sie Schmerzen erleiden,
um neues Leben zu schenken.

Mut ist
dem Wagemut
vorzuziehen.

Entschlossen zu sein bedeutet,
die richtigen Entscheidungen
zu fällen, die der weiteren
Wesensentwicklung dienen.

Wahrer Mut besteht darin, die Werte des Guten über die Kräfte des Schlechten siegen zu lassen.

Oftmals wird angesichts
des Leidens oder des Schmerzes
die Fähigkeit zu tapferem
Verhalten ausgetestet.

Ein Mensch,
der seine negativen Energien
beherrscht und seinen »inneren
Schweinehund« bekämpft,
ist ein mutiger Mensch.

Mut besteht nicht darin,
Abenteuer zu suchen, sondern
nach und nach die Probleme
zu lösen, die sich unerbittlich
im Leben eines jeden auftun.

Kühnheit kann
vermessen sein,
aber Mut ist die
angemessene
Eigenschaft der Starken.

Bewährungsproben sind Teil
der Lehre, die das Leben
für einen vorsieht.
Dies zu begreifen und
damit umzugehen erfordert Mut.

Mut besteht darin,
eine Lehre aus unseren Ängsten
zu ziehen und unsere Gefühle
in den Griff zu bekommen.

Es ist einfacher, mutiges
Verhalten für edle Gründe
an den Tag zu legen.
Doch allein wir erstellen
das Wertesystem,
nach dem wir reagieren.

Tapferkeit heißt,
in Würde weiterzuleben,
was auch immer passiert.

Mut bedeutet auch,
nicht blind der jeweiligen Mode
zu folgen, um nicht in eine Reihe
mit denen gestellt zu werden,
die sich ständig lenken lassen.

Einen anständigen Menschen
erkennt man nicht
an den Auszeichnungen
und Orden, sondern an
der Einstellung,
die er durchscheinen lässt.

Sich der Entscheidung bewusst
zu sein und trotzdem
den Schritt zu wagen,
in nur einem Augenblick
alles zu ändern, ist auch
eine Form von Mut.

Was die Ausführung
einer mutigen Handlung angeht,
so ist der Anfang am schwierigsten;
der Moment, der zu
einer Entscheidung führt.

Echter Mut braucht kein
einschneidendes Ereignis,
sondern einen beständigen Willen,
der ein ganzes Leben anhält.

Es gibt immer einen
Moment, in dem Mut
Respekt abnötigt.

Bravour erfordert nicht Blut,
sondern Schweiß.

Derjenige, der vor den Scherben
seines Lebens steht
und trotzdem nicht
den Verstand verliert,
ist ein mutiger Mensch.

Man soll nicht
mutige Menschen
mit denen vergleichen,
die nur gerissen sind.

Mut bringt uns dazu,
unser Leben im Spiel
des Lebens einzusetzen.

Keine Schwierigkeit im Leben
ist unüberwindbar.
Man muss nur den Willen
aufbringen, darüber
hinwegkommen zu wollen.

Ebenso wie Macht nicht
automatisch mit Gewalt
einhergeht, bedeutet Mut
nicht immer Kampf,
aber einen Sieg über das Unglück.

Eine bestimmte Keckheit
kann Voraussetzung
für mutiges Verhalten sein.

In schwierigen Lebensumständen
muss man nicht nur sich selbst,
sondern auch die anderen
ermutigen.
Je mehr couragierte Menschen
auf der Erde, umso besser.

Es gibt eine Form des Mutes,
die keine Grenzen kennt und
eine Ahnung von Freiheit gibt.

Nichts ist einem mutigen
Menschen unmöglich.
Und derjenige, der bereit ist,
Verzicht zu üben, wird über
die Hürden des Lebens
hinwegkommen.

Die Willenskraft
des Mutes ist wie
ein helles Licht,
das den Herzenskrieger
umgibt und ihn vom
Unglück abschirmt.

Opfer zu bringen heißt nicht,
sich aufzugeben.
Denn Geben ist seliger
als Nehmen.

Ein mutiger Mensch geht mit gutem Beispiel voran.

Der Unvorsichtige
handelt leichtsinnig.
Der Mutige ist sich
seiner Entscheidung
sehr wohl bewusst.

Man soll nicht nur hören,
sondern auch verstehen,
deswegen sagt man auch:
»Mit dem Herzen hören«.

Mutig zu sein heißt,
sich ein Herz zu fassen.

Mut ist ein freiwilliger Akt,
der einen weiterbringt.

Loyalität ist wie der Mut
eine ritterliche Tugend.

Täglich die kleinen
Bequemlichkeiten,
die nicht gerade von
mutigem Verhalten zeugen,
hinterfragen.

Ängstigt uns eine
neue Lebenssituation,
ist unser Mut gefragt,
um sie zu meistern.

Unbekanntes weckt
stets Ängste in uns.
Mut bedeutet, das Neue
mit Zuversicht anzunehmen.

Derjenige, der Angst hat
zu versagen, verspielt all
seine Chancen.
Hingegen geht derjenige,
der an sich selbst glaubt,
Schritt für Schritt
in Richtung Erfolg.